La Casa editrice **Lupi Editore** nasce nel 2015 da un' ide... ...e obiettivo quello di dare voce e visibilità ai giovani aut... L'obiettivo è quello di dare alla luce libri belli, indimentic... ).

**Seguici su Facebook**            **E su Instagram**

Hai un libro nel cassetto? Non fargli prendere polvere!

Contattaci e inviaci il tuo capolavoro, lo valorizzeremo al meglio!

**Mail**

lupijacopo@gmail.com

**Whatsapp**

3452294411

© 2023 Lupi Editore
Tutti i diritti riservati

L'opera non è riproducibile
senza l'espressa autorizzazione dell'autore

Titolo Originale dell'opera: MAMMA ORSA

Autore: ANTICO BORGO

Collana: RAGAZZI

Allestimento Interno: LUPIEDITORE

Copertina: LUPIEDITORE


Le immagini sono tratte dalle foto di SABRINA IAFOLLA, (La Signora degli orsi) MARINO BARONCINI che ringraziamo per la gentile concessione e alcune tratte dal web. Sono state modificate e volutamente cartunizzate per poter narrare meglio quella che è stata una favola, raccontata con la voce di Amarena.

**Un libro è in grado di cambiare il mondo** in poche pagine, perché è in grado di cambiare le persone in poche pagine.

Leggi, impara, cresci e migliora la tua vita e il tuo mondo con un libro.

Ma **i libri hanno anche bisogno dei lettori**, senza di loro il libro non esiste.

**Aiuta i libri a cambiare il mondo**, aiuta chi li scrive a far arrivare la sua voce, aiuta chi li pubblica a far si che questa magia continui.

**Se il libro che hai tra le mani ti piacerà regalaci una recensione a 5 stelle**, a te costa poco ma per chi scrive e pubblica un libro vuol dire molto. Consiglialo ai tuoi amici, regalalo e fallo conoscere, **donerai alle persone le parole che in quel momento vogliono sentire.**

Se il libro non ti dovesse piacere, non lasciare recensioni negative ma scrivi all'editore cosa non ti è piaciuto e perché, ci aiuterai a migliorare, per cercare di darti sempre il meglio, e inoltre aiuterai l'autore a crescere.

*<u>Il mondo cambia grazie a piccoli gesti.</u>*

*<u>Diventa parte fondamentale insieme a noi di questo grande cambiamento!</u>*

Jacopo Lupi Editore

# MAMMA ORSA
## La favola di Amarena e dei suoi cuccioli a Villalago

ASSOCIAZIONE CULTURALE "ANTICO BORGO"

Autore : Il testo è stato realizzato dal Gruppo Culturale della Biblioteca Comunale

La pubblicazione di questo lavoro è stata realizzata grazie al finanziamento della Fondazione in "Ricordo di Tiziana Secchi", anima sensibile ai progetti culturali e di studio con particolare attenzione ai giovani da lei sostenuti nel suo lavoro svolto presso la segreteria dell'Università di Teramo con sede distaccata ad Avezzano.

Innamorata delle bellezze di Villalago, la sua Villa, partecipe delle attività culturali, educative e ricreative.

## A Tiziana

Pensieri di poesia
di amore di fantasia sentimentali
carezze che cantano la vita
immagini che si disperdono nei luoghi
della mente tra sogno e realtà.
Il profumo del vivere vola nell'etere
ti cerca ti trova ti perde
uno spicchio di luna
spazio d'incontro che la fantasia
fa vivere come vero reale
nell'irrealtà dell'essere
per sempre complici .

# Prefazione

Nei boschi della Villa
la natura ci meravigliò
un' orsa partorì e quattro cuccioli
vennero alla luce.
Questa è la favola più bella
dell'orsa Amarena e i suoi cuccioli.
Cinque batuffoli marrone un di'
scesero dal bosco e saltellando
fino a valle li abbiamo conosciuti.
Una mamma orsa con i cuccioli
due femmine e due maschi.
Che sorpresa che meraviglia che paura.
Ogni giorno all'imbrunire un evento
una passeggiata tutti e quattro
per le strade del lieto borgo della Villa
un bagnetto al lago Pio
una allegra gita un tuffo al lago
di San Domenico.
Quanta gente a guardare
una meraviglia della natura
dalla valle e dal mondo intero.
Grandi e piccini felici

insieme alla famosa famigliola
di orsi marsicani gioiscono
l'avventura straordinaria
la favola più bella
vissuta tra sogno e realtà.

Tra sogno e realtà all'imbrunire di ogni giorno nell'anno 2020 si vive una meravigliosa favola, la nascita di quattro cuccioli di orso. Tra fantasia e immaginazione il divenire della piccola famigliola di orsi marsicani viene ora narrata come una favola, una lettera, un insegnamento, un avvenimento ai bambini e agli adulti testimoni di uno straordinario evento.
Che idea originale? Che messaggio fantastico? Che gioco di ruoli?
Chi parla in prima persona è proprio lei, l'orsa più importante, più fotografata, madre di quattro cuccioli un evento naturale straordinario e unico.
E' l'orsa Amarena che parla e racconta la tenera storia vissuta da una madre che mette al mondo quattro piccoli orsetti. Lo scenario i boschi, la valle, il lago Pio, il sentiero che porta a San Domenico, le strade di Villalago. I tuffi nei due laghi, le discese, le salite sugli alberi di ciliegie e prugne seguite a occhio nudo e riprese dai tanti spettatori venuti da ogni parte del mondo per partecipare al grande evento storico e naturale del ciclo di vita di un'orsa.
Villalago uno dei borghi più belli della Valle del Sagittario ospita la nuova famigliola e diventa testimone di un evento veramente straordinario.

Protegge l'orsa e i cuccioli dall'invadenza dei tanti fotografi e offre loro sostegno ed ospitalità di una comunità che vive con allegria e con una giusta distanza l'emozione della nascita e della crescita dei quattro cuccioli.
Una gioiosa festa dei due fiocchi rosa e dei due fiocchi azzurri.

Geniale e pittoresco il narrare i pensieri, le preoccupazioni, le gioie, i dispiaceri di una madre monogenitoriale che deve prendersi cura da sola dei suoi cuccioli.
Si proprio così l'orso maschio abbandona i figli e chi li ha procreati.
La natura con le sue leggi regola l'evoluzione della specie e ci insegna favolosamente il mistero della nascita e il ciclo evolutivo.
Un insegnamento che l'uomo deve rispettare di fronte ai tanti problemi della così detta convivenza con "l'orso confidente".
L'orsa Amarena ha timore dell'uomo ma ne percorre le stesse strade senza conoscere i pericoli, l'uomo ha paura dell'orso che si avvicina troppo alle case e non sa come difendersi.
Ecco il grande dilemma. Cosa fare? Come intervenire?
La natura su questo non è attrezzata ad intervenire, anzi negli ultimi anni si sono verificati sovvertimenti tali che l'uomo si trova a convivere con animali selvatici senza un giusto confine.
Chi deve trovare la soluzione e ripristinare l'ordine che protegga l'orso e l'uomo?

L'avventura raccontata in modo così poetico e sentimentale che andrete a leggere aprirà i vostri cuori ma anche la vostra mente.

Forse la creatività dell'immaginazione può aiutare noi e tutti gli altri a capire che cosa bisogna fare e che tipo di interventi attivare.
Ogni favola trasmette un messaggio, un'interpretazione, una riflessione, un pensiero educativo.
Questa fiaba così presentata, è espressione di un progetto culturale dell'Associazione Culturale "Antico Borgo" e, in particolare, del gruppo di lavoro della biblioteca che ha voluto narrare i sentimenti e le emozioni vissute dagli uomini, dall'orsa e i suoi cuccioli come espressione di un momento straordinario vissuto che non può divenire la nuova realtà dei paesi limitrofi al parco nazionale del Lazio e dell'Abruzzo.
A Villalago vive la "Signora degli orsi" che li ritrae come molto pacifici e non pericolosi.
Forse è vero, forse no.
Gli ultimi eventi ci insegnano che l'orso non può oltrepassare il confine che separa la vita nei boschi con la vita degli umani.
La favola è bella e va vissuta. La realtà ci invita a trovare nuove strategie per difendere sia l'uomo che l'orso.
Bambini gioite e raccontate a tutti questa bella favola, adulti aiutate l'orso a trovare la propria dimora sicura lontano dai centri abitati e dai luoghi che sono propri dell'essere umano.
Buona lettura.

È una favola?
È una storia?
È un insegnamento?
Poche righe per narrare
un evento eccezionale da un insolito punto di vista:
cosa ha vissuto l'orsa Amarena mentre gli uomini la fotografavano?

# Amarena

Testa bionda, corpo massiccio, grande camminatrice, mi presento sono un'orsa e mi chiamo Amarena, o meglio gli uomini così mi hanno chiamata, perché spesso mi trastullo sugli alberi di ciliegie ad assaporare quei dolci frutti di cui sono molto ghiotta. Sono nata nel parco Nazionale Abruzzo Lazio Molise ( PNALM) e qui ho trascorso tranquillamente i miei primi anni di vita girovagando qua e là e mangiando tutto quello che di commestibile trovavo.

Vita tranquilla da orso normale se non fosse per il fatto che mi piace allontanarmi dai boschi ed avvicinarmi ai paesi che sono nel Parco. Mi piaceva già da piccola, quando girovagavo tra le viuzze di San Sebastiano ed ero attratta molto dagli odori e fragranze del luogo. Erano così invitanti ed irresistibili. Dalle case e lungo le stradine del paesello annusavo profumi inebrianti, l'odore del brodo caldo, del sugo e quello della carne cotta alla brace che mi faceva letteralmente impazzire tanto da farmi dimenticare che lì avrei potuto incontrare quell'animale a due zampe che si chiama uomo.

Mi definiscono orso confidente e problematico, cioè orso che non teme l'uomo ed interagisce con lui, secondo le definizioni degli studiosi, sono un orso che crea problemi di convivenza con l'uomo perché spesso faccio razzia nei pollai e scavalco i recinti delle coltivazioni.

È strano per un orso non avere paura dell'uomo, ma io ho superato questo timore perché vicino alle case riesco a trovare facilmente del cibo. Resto sempre guardinga quando da lontano scorgo qualcuno, cerco in ogni modo di stargli alla larga. D'altra parte anche l'uomo non osa avvicinarsi molto, forse teme i miei artigli e i miei denti acuminati? Se un orso soffia e si arrabbia perché è disturbato diventa pericolosissimo, io che sono un'orsa se mi arrabbio sono molto ma molto pericolosa. Volete sentire il mio ruglio (verso degli orsi) da arrabbiata? E allora preparatevi e non spaventatevi perché io quando sono arrabbiata faccio così: **GROHAANN, GROHAANN, GROHAANN** e soffio **FUHUHHH, FUHUHHH!**

I miei primi anni di vita li ho trascorsi nella normalità girovagando nei boschi, nutrendomi di frutta e razziando qualche volta i pollai. Cose di ordinaria consuetudine per noi orsi.
La grande avventura della mia vita è iniziata tre anni fa nell'inverno del 2019/20.
Ora dovete sapere che l'inverno dell'anno 2019/20 è stato un inverno molto speciale sia per me che per gli uomini di questo mondo. Tutta l'umanità è stata colpita da un virus mortale per la razza umana, il coronavirus, e per lungo tempo gli uomini sono stati costretti alla quarantena, non potevano uscire dalle loro abitazioni, se lo facevano era solo per fare delle cose necessarie ed urgenti.

20

Per me invece l'inverno del 2019/20 è stato il più bello della mia vita e già, io non lo dimenticherò mai, lo sapete perché? In quella memorabile stagione io scioccata e sconvolta sono diventata per la prima volta mamma, ho avuto la mia cucciolata ed ho vissuto felice circondata dai miei piccoli.

Tutto è iniziato mentre mi trovavo all'interno della mia spaziosa grotta, il rifugio che mi ero cercata a novembre per poter andare in letargo.

Dovete sapere che noi orsi nei mesi invernali andiamo in letargo ovvero ci addormentiamo e rallentiamo le funzioni vitali nutrendoci del grasso accumulato durante i mesi estivi. Non dormiamo profondamente, a volte ci svegliamo ed usciamo a sgranchirci le gambe ed a mangiare qualcosina, ma per la gran parte del tempo siamo in un dormi veglia. Restiamo al calduccio della nostra tana riparata dalle intemperie e dalla presenza di altri animali.

Proprio qui nella mia calda caverna ho partorito i miei cuccioli. Sono stata una super mamma perché ho dato la vita a quattro piccoli orsi, evento unico e raro tra la specie dei plantigradi (orsi). Mi sentivo molto felice e fortunata per aver partorito tutti questi cuccioli. **Evviva! Evviva!** Il mio cuore esultava. Gridiamo tutti insieme, **evviva i cuccioli evviva i cuccioli Hip Hip Urra!!**

Gli orsi marsicani ,come me, partoriscono dando alla luce uno, due o al massimo tre cuccioli io, invece, ne ho partorito quattro. Ma ci pensate bene quattro piccoli orsacchiotti che subito hanno riempito la mia vita ed il mio cuore traboccante di amore. Certo in un primo momento non potevo sapere che avere quattro cuccioli fosse un evento eccezionale, per me era normale, erano tutti figli miei ed io li allattavo amorevolmente. Ero tanto ma tanto felice, di accudirli, di proteggerli, di stare accoccolati tutti insieme al calduccio, di averli stretti al mio cuore.

Appena nati i frugolett
piano nutrendoli con il latte c

All'inizio è un bel da far
ha provvisto il mio corpo di p
nutrito a sufficienza.

Siamo rimasti dentro l
Fuori nevicava ed io non pote
di me.

E così pian piano sono p
giorno diventando sempre più

È arrivata la primavera
l'aria: i primi germogli sugli
terra, qualche fiorellino qua
spandeva nell'aria, tutto era
torpore dell'inverno.

Mi sono fatta coraggio
dal rifugio per esplorare il m
avventura della mia vita e l'av

Sola come tutte le ma
importante compito da svolge
e, ancora più, insegnare lor
poche parole come diventare

La prima uscita dalla tana è stata memorabile, io guardinga pian piano scrutavo intorno, annusavo l'aria per percepire gli odori, aguzzavo le orecchie per avvertire ogni minimo rumore, i piccolini dietro di me, traballanti ancora nei passi, che mi seguivano fiduciosi. Erano quattro: due femmine e due maschi, una famiglia perfetta! Il più intraprendente tra di loro provava già ad imitare tutto ciò che facevo, le due femminucce mi seguivano passo passo e non si allontanavano mai da me, il piccoletto di corporatura più minuta non riusciva a seguire il mio passo e restava sempre indietro e, per raggiungere i suoi fratelli, spesso ruzzolava e faceva capriole ed io rallentavo per aspettarlo e per non perderlo di vista.

La cosa importante per una mamma orsa è quella di proteggere i suoi cuccioli e difenderli dai tanti pericoli. Innanzitutto bisogna proteggerli dall'attacco di altri animali e in special modo dall'attacco degli orsi maschi, dai lupi e quando sono così piccoli anche dai cervi e dai uccelli rapaci. Nel primo anno di vita la loro sopravvivenza dipende interamente dalla protezione e dagli insegnamenti della mamma.

Nelle mie prime uscite esplorative ho cercato di farli giocare il più possibile, spostarsi, mangiare, riposarsi. Ho insegnato loro cosa mangiare, dove trovarlo, come scegliere le zone di rifugio, come comportarsi con gli altri animali.

A salire sugli alberi per mangiare le prime foglie o a rovistare sotto i sassi per trovare gli insetti. All'inizio non è stato facile infatti il piccolino della famiglia non riusciva proprio a salire sugli alberi, ci provava e riprovava, ma sempre ruzzolava giù. I suoi fratelli hanno imparato presto e quasi subito mi emulavano in tutte le cose che facevo, era proprio una bella soddisfazione vederli cosi attivi ed intraprendenti.

Essere la mamma di quattro orsetti non è affatto facile ma è tanto divertente. I piccoli sono così allegri e giocherelloni che spesso, per le loro marachelle, ci si dimentica di essere adulti e severi e si ritorna spensierati come loro.

Per potergli insegnare come procurarsi il cibo o come difendersi dagli altri animali ho dovuto escogitare dei trucchetti dove si giocava insieme ed anche io mi divertivo un mondo.

Spesso facevamo a nascondino, ognuno di loro doveva trovare un rifugio riparato dove nascondersi in caso di pericolo ed io dovevo cercarli. Si nascondevano in luoghi improbabili esempio dietro un grande sasso ed io facevo finta di non vederli e li cercavo li chiamavo. Così giocando imparavano a trovare dei rifugi o delle tane dove stare nascosti e protetti per quando fosse stato necessario.

Una volta ricordo che, mentre stavamo giocando a nascondino e loro si erano disposti in vari punti, ho cominciato a cercarli ma dopo un po' che giravo ne avevo trovati solo tre. E il quarto dov'era? Gira di qua e gira di là non riuscivo proprio a vederlo, era il più piccolo degli orsetti, ed io allora ho avuto molta paura. Cosa sarà successo? Perché non risponde al mio richiamo? Si sarà allontanato così tanto da essersi perso? Attaccato da qualche animale del bosco?

Ero disperata, avevo perlustrato tutta la zona, ogni anfratto, ogni sasso niente non c'era nessuno. Ho annusato l'aria per sentire l'odore del piccolino ma sentivo solo un forte profumo di bacche appena mature. Ho continuato ad annusare e a chiamare il piccolo con il mio verso ( ruglio) ma non rispondeva. Poi, annusando e rovistando con più intensità, sotto una siepe spinosa l'ho trovato a pancia all'aria che placidamente dormiva. Sicuramente quel discolaccio aveva fatto una gran scorpacciata di quelle gustosissime bacche si era infilato dentro la siepe per mangiare le più tenere e gustose, non era riuscito più ad uscire, stanco degli sforzi fatti si era addormentato.

Ero molto arrabbiata ma nello stesso tempo felice di averlo trovato sano e salvo che non ho avuto il coraggio di svegliarlo, ronfava così bene!
Io e gli altri cuccioli ci siamo messi accovacciati tutti insieme ed abbiamo aspettato che si svegliasse poi l'ho aiutato ad uscire dai rovi.

Per insegnargli a salire sugli alberi facevamo sempre un gioco dove io ero il loro trampolino per salire. Mi mettevo sotto l'albero abbracciata al tronco loro si arrampicavano sulla mia schiena e poi salivano, col muso li aiutavo se non avevano la forza di andare più in alto. Per discendere facevano su di me come uno scivolo fino a terra. Si divertivano molto ed io ero felice di vederli così contenti e spensierati che non mi importava se con le loro zampette mi tiravano la pelliccia. Sapevo che attraverso il gioco loro stavano apprendendo come fare, come superare ogni ostacolo e ogni situazione.

Ho insegnato come trovare le larve sotto i sassi e dentro i tronchi degli alberi facendo una piccola caccia al tesoro, chi ne trovava di più le poteva mangiare tutte. Il piccoletto non riusciva a smuovere i sassi grandi e sotto quelli piccoli non trovava proprio nulla. Allora da furbetto quale era si avvicinava di nascosto ai fratelli e mangiava quello che loro avevano trovato. A questo punto scattava immediatamente la rissa tra fratelli che si azzuffavano e lottavano e si divertivano da matti.

Col passare delle settimane tutti i miei figli sono riusciti, ognuno a modo proprio, ad imparare quello che io stavo cercando di insegnargli, a salire sugli alberi, ad ascoltare i rumori o odori strani, a riconoscere di cosa potersi cibare e cosa non potevano mangiare, insomma stavano crescendo ed imparando la vita da orsi.

Sempre più fiduciosa delle loro capacità ed attitudini, certo erano ancora molto piccoli e per crescere avevano ancora bisogno del mio latte, ma sicuramente erano diventati più forti e più resistenti alla fatica, era arrivato il momento che potevo, con la mia famigliola, esplorare dei territori più vasti, allontanarmi dai boschi di alta montagna, visitare nuovi luoghi alla ricerca del cibo.

34

# Il viaggio

Nella mia mente è rimasto il ricordo di quando da piccola, insieme alla mia mamma e anche poi da sola, mi avventuravo nei pressi dei paesi che sono nel Parco PNALM. Tanti piccoli paesi che si trovano nel suo interno e al suo confine che facilmente avrei potuto raggiungere. Contenta di essere pronta per lasciare la nostra tana mi muovevo frenetica ed indaffarata, come se stessi danzando, per organizzare tutto il lungo viaggio. I piccoli orsi erano allegri e fiduciosi nel vedere nuovi boschi io pronta per raggiungere nuove terre.

Proprio vicino alla mia tana, la caverna che mi ha ospitato in inverno, vicino non proprio, vicino per me che sono una gran camminatrice e percorro in poche ore decine di chilometri, si intravedeva un piccolo paese di nome Villalago, sì, mi sarei diretta lì.

Ricordo che il paese ha tutto intorno degli alberi da frutto ciliegie, prugne, meli, noccioli, avrei trovato facilmente da mangiare. E così mi incamminai seguita dai quattro discoli figlioli.

Il 26 Maggio 2020, caldi raggi di sole facevano capolino tra gli alberi del bosco, l'aria profumava di odori invitanti dei primi teneri frutti che stavano maturando, io camminavo imperterrita cercando di attraversare il bosco il più in fretta possibile.

Il bosco può riservare delle brutte sorprese anche se è il nostro habitat naturale, si possono fare incontri non piacevoli di animali che potrebbero attaccare i miei piccoli ancora inesperti e giocherelloni. Quindi ero molto guardinga non perdevo di vista nemmeno un attimo quei quattro birbantelli cercando di non far pesare loro il lungo viaggio distraendoli ogni tanto, facendoli salire a volte sugli alberi altre volte sulle rocce. Ma quei discoli figlioli, entusiasti di esplorare quei nuovi orizzonti mai visti, non avvertivano minimamente la stanchezza. Giocavano, si rincorrevano, ruzzolavano, saltavano, non stavano fermi un attimo!

Dopo molto camminare sempre tra il folto bosco di aceri, faggi e abeti, incominciò a sentirsi nell'aria un profumo diverso, il sottobosco stava cambiando era meno fitto ogni tanto uno spiazzo di prato profumato da teneri fiorellini, ero quasi vicina ai luoghi desiderati.

Pomeriggio primaverile inoltrato quando siamo arrivati, dovevo assolutamente trovare dell'acqua per potermi dissetare insieme ai miei piccoli. Eravamo vicini perché ne sentivo l'odore, infatti appena uscita dal bosco, dopo una radura di erba, in lontananza c'era un vecchio abbeveratoio per animali. Mi ci diressi senza preoccuparmi di dover attraversare un ampio prato in discesa allo scoperto senza nessun riparo, il mio olfatto mi rassicurava, non c'era la presenza di nessun animale, nessun pericolo per i miei cuccioli. E così, io davanti e loro dietro di me, raggiungemmo l'abbeveratoio.

Tanta sete, ma molta anche la voglia di giocare per la prima volta con tutta quell'acqua a disposizione. Non se lo fecero ripetere due volte che subito iniziarono a buttarsi dentro la vasca, giocavano, si rincorrevano, schizzavano ed io controllavo sempre con occhio vigile, ma ero nello stesso tempo contenta del loro gioire e della loro vivacità.

All'improvviso ho sentito un rumore sommesso, un odore diverso, mi sono girata di scatto e con la coda dell'occhio ho intravisto dietro una siepe, in lontananza, un ragazzino immobile che ci guardava con in mano uno strano oggetto. Il ragazzo stava fermo forse impietrito dalla paura, ma io non mi fidavo di lui e di quell'oggetto nelle sue mani, cosi, con un breve cenno del capo ed un lieve ruglio ( verso di richiamo degli orsi) ho intimato ai cuccioli di uscire dall'acqua e di seguirmi immediatamente.

A grandi falcate siamo risaliti su per la radura per raggiungere i primi alberi del bosco. Mi sono girata più volte per vedere se gli orsetti mi seguissero facilmente ma anche per controllare se quel ragazzino fosse ancora li. Sì, lui c'era, ora che io ero più lontana, era uscito da dietro la siepe, aveva sempre quello strano oggetto tra le mani e puntava a noi. Ma che vorrà fare quel ragazzo? Che cos'è quell'oggetto metallico che ha in mano? No, no! Non mi posso fidare, devo proteggere i cuccioli dobbiamo raggiungere gli alberi e nasconderci nel sottobosco. Nel sottobosco saremo al sicuro è il nostro ambiente naturale dove facilmente troveremo un rifugio.

Protetti dalla vegetazione mi sentivo molto più a mio agio e tranquilla, quindi mi fermai, radunai i figlioli e mi misi a scrutare in direzione del ragazzo. Adesso il ragazzino non c'era più forse perché non poteva più scorgerci facilmente. Tranquillizzata decisi di fermarmi lì, per ora non mi sarei avventurata oltre, ci saremmo accontentati del cibo che riuscivamo a trovare senza esporci ulteriormente poi si vedrà. Certo, stavo riflettendo, quando ero da sola potevo avvicinarmi molto alle case dei paesini che sono nel Parco, ma ora ho quattro figlioli da proteggere a cui devo ancora insegnare tutti i pericoli che ci sono vicino all'uomo anche se il cibo che avrei potuto trovare lì era invitante.

I cuccioli erano spaventatissimi due minuti prima giocavano nell'acqua e all'improvviso quella fuga veloce, piangevano dalla paura ed allora me li sono stretti sul cuore ed ho iniziato a cullarli ed a cantare una dolce melodia.

**DORMI DORMI BELL'ORSETTO**
**CHE LA MAMMA TI TIENE STRETTO,**
**VICINO VICINO AL SUO CUORE**
**TI DARA' TANTO AMORE.**

Mi ci vorrà ancora del tempo ma sono fiduciosa di poter rimanere in questi luoghi. Cominceremo con girovagare qui intorno verso sera e nelle ore notturne quando è più difficile incontrare l'uomo.

# Villalago

Il mio viaggio mi ha portato nei pressi di Villalago dove ero già stata sia da sola che con mia madre Gemma. Stavo seguendo il mio intuito e i miei ricordi da piccola, avevo la memoria di quei luoghi e quindi conoscevo alla perfezione dove trovare il cibo sia quello naturale che quello antropico (cibo di provenienza umana). Tutto il mio bagaglio di conoscenze lo avrei trasferito pian piano ai miei figli insegnandogli così come trovare da mangiare e come esplorare quel territorio.

Villalago è un grappolo di case che si inerpicano fin sopra la torre, scale su scale, vicoli tortuosi, archi, suppuort e poi tanto verde intorno, tanti alberi da frutto, tanta acqua dove dissetarsi e rinfrescarsi una vera pacchia per noi orsi!

Conosco a menadito tutte le varietà di alberi e la loro locazione nei prati di Villalago, quindi sarebbe stato facile cibarsi. All'inizio di giugno c'era il mio frutto preferito: le ciliegie.

Durante il giorno, quando i raggi del sole scaldavano l'aria, preferivo tenere gli orsetti al fresco del bosco, ci nutrivamo di insetti, di tenere foglie, salivamo sugli alberi, esploravamo anfratti e tane ci riposavamo, i cuccioli si rincorrevano tra loro ed a volte si allontanavano per esplorare da soli.

Ero sempre vigile ad ogni minimo strano rumore. Osservavo attentamente il comportamento di ognuno di loro per capire se erano già in grado di essere in qualche modo indipendenti nelle loro esplorazioni, sempre più percepivo la diversità di quell'orsetto più piccolo di corporatura. Forse la difficoltà di fare le stesse cose che i suoi fratelli facevano facilmente aveva sviluppato in lui una voglia di indipendenza, di rivalsa, perché mi sembrava che questo figliolo non temesse il pericolo, era intraprendente. Dovevo a tutti i costi controllarlo costantemente per evitare che finisse in guai seri.

Quando i raggi del sole si facevano più tiepidi, radunavo la mia famigliola e a passo lento scendevamo a valle verso le case di Villalago.

Come vi dicevo era il periodo delle ciliegie già mature sugli alberi e noi orsi eravamo attratti dalla dolce fragranza e dall'odore che emanavano. Sapevo della presenza di un grosso ciliegio nel giardino di una villetta nei pressi del paese, senza indugio mi sono diretta lì seguita da i miei figlioli. Passo dopo passo, placidamente, siamo arrivati vicino alla casa.

Per salire sull'albero abbiamo scavalcato una alta recinzione di rete, facile per me ma difficile per gli orsetti. Non so se potevano farcela, ma non importava avrebbero provato e se non ci riuscivano pazienza, avrei pensato io a loro.

Come previsto i cuccioletti hanno faticato a superare la recinzione di rete che circondava il giardino, non potevo aiutarli in nessun modo perché arrampicarsi su un albero con me che stavo sotto era una cosa, scavalcare un recinto alto senza un modo per poter attenuare la caduta non era per loro possibile.

Con caparbietà hanno provato e riprovato e mi sono anche meravigliata di come ad un certo punto ce l'hanno quasi fatta. Volete sapere come? Si sono messi uno sull'altro, il primo appoggiato alla rete e poi gli altri sopra, perfino il piccoletto è riuscito a salire sulla schiena dei fratelli, ma la rete era molto più alta di loro e così si son dovuti arrendere alla difficoltà. Non riuscivano ad aggrapparsi alle maglie della recinzione e dopo alcuni tentativi, gli ho fatto capire che dovevano aspettare giù perché io avrei provveduto a loro.

Da sopra l'albero controllavo che quei discoli non si mettessero nei guai che non si allontanassero o che non arrivassero altri animali.

Mentre ero sulle alte fronde del ciliegio che mi dondolavo per raggiungere i frutti più maturi, ho visto un bel gruppetto di uomini radunati ai margini della strada. Stavano tutti fermi ed in silenzio, tutti avevano in mano lo stesso strano oggetto che avevo visto, qualche giorno prima, in mano al ragazzino. Certo che gli uomini sono proprio strani, stanno lì fermi in silenzio e guardano nella nostra direzione, non hanno mai visto un orso? O non hanno mai visto la mia bella famigliola felice?

Mi sono spesso chiesta cosa gli umani pensassero di noi, cosa li spingesse a stare immobili ed in silenzio ad osservare ogni nostro movimento e perché questo grande desiderio di fermare con una immagine la vita di noi animali. Forse la nostra libertà è per loro una cosa irraggiungibile? Il nostro vagabondare placido e tranquillo è quello che ogni uomo vorrebbe fare ma che non può?

Quel giorno c'erano tante persone che ci guardavano dalla strada vicino alla casa, altri dentro la casa che osservavano da dietro le finestre, impaurite verso di noi, forse abitavano lì e il ciliegio era di loro proprietà? Non potevo interessarmi alla loro presenza, la priorità era il cibo e la sicurezza dei cuccioli. Erano distanti, non erano un pericolo per noi, quindi sono rimasta placidamente a mangiare le mie ciliegie rompendo e gettando giù alcuni rami carichi di frutti per i miei cuccioli. Poi con tutta calma sono ridiscesa, ho nuovamente scavalcato la rete radunati i piccoli e sono risalita verso il bosco.

Ogni giorno ho continuato a portare gli orsetti in perlustrazione e poi all'imbrunire scendevo verso Villalago per nutrirmi dei frutti degli alberi. Quando ero in prossimità del paese, anche se ero distante, vedevo che vicino alla strada c'era sempre tanta gente che, ferma ed attenta, scrutava ogni nostro movimento, stavano il più possibile in silenzio per non disturbarci, ma io, anche se non vedevo chiaramente ne avvertivo l'odore e cercavo di non avvicinarmi più di tanto.

50

Anche quando mi nascondevo dietro gli alberi ad allattare i miei figlioli c'era sempre qualcuno che mi osservava, mi rendevo sempre più conto che la presenza mia e dei cuccioli destava negli uomini una grande curiosità, ne ero felice ma anche spaventata, non sapevo fino a che punto potevo essere al sicuro dall'uomo, ed i cuccioli, che stavano diventando sempre più indipendenti, avrebbero capito che bisognava stare alla larga da loro?

Stavano familiarizzando con l'odore della razza umana e io non sapevo se ciò fosse un bene o un male. Ma devo dire con sincerità che tutti gli abitanti di Villalago ci hanno trattati bene, non mi hanno mai disturbata e i miei cuccioli erano contenti di vivere in questo posto magico dove c'era tutto per noi, il cibo, l'acqua e il divertimento.

Sono stati certamente dei giorni felici per tutta la mia famiglia e mai scorderò questo paradiso dove la natura profuma e ti accoglie con i suoi colori e i suoi sapori.

**Evviva!** Evviva a tutti i villalaghesi grandi e piccini amorevoli e rispettosi nei nostri confronti.

Pensate che in uno di quei giorni di agosto successe una cosa bellissima ma di più, gigantesca e fantastica a Villalago: incontrai, vicino ad alberi di ciliegie, la mia mamma, Gemma, che fu felice di conoscere i suoi quattro nipotini. Una giornata indimenticabile tutti insieme eravamo in sei sotto un albero a mangiare, a giocare, un incontro bellissimo per tutti che non dimenticherò mai.

A volte il destino fa anche di questi miracoli. Poi come succede anche nella vita degli uomini ci siamo salutati e ognuno è ritornato nel proprio mondo, lei, mia mamma, si diresse verso il lago e noi verso i boschi di Villalago.

Che tristezza il distacco ma è la legge della Natura che ce lo impone, con gli occhi velati di qualche lacrimuccia ci siamo salutati: Addio!! Arrivederci mamma ti vorrò sempre bene.

# Lago Pio

Un giorno in piena estate, dopo una giornata di calura quasi eccessiva, anche se l'avevamo passata interamente al riparo dai raggi del sole nel sottobosco, decisi di portare la mia famigliola in un posto nuovo per loro bello e divertente.

Dovete sapere che esiste un luogo nel cuore di Villalago, un posto fantastico dove c'è un piccolo lago: Lago Pio. Il lago è circondato da prati ed alberi, c'è tanta frescura e tanta pace. Dopo una giornata così afosa ero sempre più decisa a portare i cuccioli a rinfrescarsi in quelle placide acque. Il problema più grande era come fare per raggiungere il lago? Si doveva attraversare la strada che era sempre piena di persone che cercavano di immortalare ogni nostro movimento.

Scrutando attentamente, con il solito ruglio ( verso degli orsi) ho detto agli orsetti di stare molto attenti e di non disubbidire ai miei comandi perché poteva essere molto pericoloso, li ho messi in fila e ho cercato un varco sicuro per attraversare. Buoni buoni si sono messi uno dietro l'altro dietro di me, mi hanno seguito e siamo riusciti a passare al di la della strada davanti agli occhi sbalorditi di tantissima gente.

Appena attraversata la strada, dopo un breve tratto in discesa, si intravede il lago. Un tuffo nelle sue fresche acque ci avrebbe ristorato dalla calura.

Quando ho portato la prima volta gli orsetti a fare il bagno al lago Pio la loro meraviglia è stata totale. Certo avevano già visto acqua in abbondanza perché spesso li portavo all'abbeveratoio e loro erano felicissimi di spruzzare schizzi da tutte le parti, ma in un laghetto era tutt'altra cosa. Il richiamo dell'acqua e della frescura li ha resi così gioiosi ed emozionati che si sono buttati come dei pesciolini dentro il mare.

Il piccoletto è stato il primo ad entrare e festante chiamava i suoi fratelli: "Venite.... presto è bellissimo tuffatevi pigrotti!"

Senza paura sono entrati in acqua seguendomi e tuffandosi. Per natura noi sappiamo nuotare benissimo e quindi non correvamo nessun pericolo a buttarci in acqua e giocare. I piccoli muovevano velocemente le zampette per restare a galla e nello stesso tempo si schizzavano addosso nuvole di goccioline. Una vera festa vederli così felici e spensierati, se fosse stato per loro sarebbero restati in ammollo tutta la sera.

Ogni sera all'imbrunire, quasi sempre alla stessa ora, dopo aver razziato gli alberi da frutto, ora erano le prugne perché il tempo delle ciliegie era finito, scendevo placida verso il lago seguita dalla banda dei quattro. Sì, la banda dei quattro perché ogni giorno diventavano più discoli e birbanti e non avevano paura di nulla.

Una sera mi trovano vicino alle sponde del lago Pio, avevo appena finito di bagnarmi nelle sue acque con i cuccioli quando decisi che dovevamo andar via, c'era troppa gente che, anche se erano distanti, mi rendeva nervosa. Loro erano intenti solo a fotografare ogni mio movimento. ( Ora avevo capito cosa erano quegli aggeggi che portavano in mano erano macchine fotografiche e cineprese). Io non mi sentivo tranquilla. Con un leggero movimento del capo e un ruglio forte di richiamo ho intimato ai cuccioli di uscire dall'acqua e di seguirmi per tornare nel bosco.

Fiduciosa dell'ordine dato ho iniziato a camminare per la salita per allontanarmi dal lago. Ho fatto svariati metri sicura che gli orsetti mi avrebbero seguito senza problemi, poi ad un certo punto, non so, forse un sesto senso, mi sono girata per vedere se tutti erano dietro di me. E no, non erano tutti, erano solo tre mancava sempre il piccolino che non mi seguiva, dove si era cacciato quel monello? Perché non aveva obbedito al mio comando? Come un fulmine mi sono girata completamente per scrutare ed ho visto che l'orsetto placidamente aveva preso tutt'altra direzione, opposta alla nostra. Come si permetteva quel discolo di disobbedire al comando di sua madre? Con uno scatto velocissimo l'ho raggiunto con un fare minaccioso per intimorirlo l'ho preso per il collo e l'ho riportato nei ranghi della famiglia. Poi velocemente siamo risaliti nel bosco.

Quanti grattacapi mi sta dando questo piccoletto, non riesco ancora a metterlo in riga, non riesce proprio a comportarsi come i suoi fratelli, sarà un bel daffare insegnarli a vivere come un orso normale, mi domando sarà troppo simile a me? Troppo indipendente? Troppo sprezzante del pericolo o troppo fiducioso della vicinanza dell'uomo? Siamo sempre orsi, animali del bosco e non dobbiamo cambiare la nostra natura, il nostro mondo è sulla montagna lontano dalla razza umana.

Qualche volta ho pensato di non farcela e mi sono chiesta come mai la natura ci ha dato, a noi mamme orsa, il destino di essere abbandonate dai nostri compagni proprio nel momento del bisogno. Per questo motivo ho dovuto raddoppiare la mia forza e il mio amore per tenerli sempre vicini, educarli e renderli indipendenti.

Una volta non siamo riusciti ad andare al Lago Pio ed allora ho deciso di portarli nel nostro abbeveratoio ma lungo il tragitto mi sono accorta che c'era troppo movimento nella zona, troppe persone erano in attesa del nostro passaggio. Allora ho radunato i piccoli e ho preso un altro sentiero che ci ha portati al Lago di San Domenico, altro posto incantevole di Villalago, e lì senza perdere tempo ci siamo tuffati felici in quelle acque benedette dal Santo. La gioia e la felicità di tutti noi è stata grande avevamo scoperto un altro paradiso terrestre ormai conoscevamo tutto il territorio di quel borgo e non lo avremmo lasciato mai più.

# Il Piccoletto

La preoccupazione per il modo di agire del piccoletto era veramente reale ed assidua nei miei pensieri. Cercavo di controllarlo costantemente di non perderlo mai di vista, ma a volte non era sufficiente e lui spesso sfuggiva al mio sguardo. Ricordo ancora con terrore quando, mentre mi trovavo nel bosco con tutta la famiglia che girovagavamo nella ricerca perpetua del cibo, testa bassa a rovistare sotto le pietre nella ricerca di insetti, non mi sono accorta che c'era la presenza di un piccolo branco di cervi. C'era il cervo maschio con gigantesche corna e delle femmine con i cuccioli che pascolavano tranquille nei prati. Erano molto lontani quindi non erano una minaccia per i miei cuccioli.

La mia è stata una valutazione errata, si certo sbagliata perché non ho considerato la grande curiosità ed intraprendenza del piccolino. Lui in un attimo non era più vicino a me correva veloce verso i piccoli cerbiatti, voleva giocare.

Incosciente e sconsiderato non si era preoccupato minimamente della presenza del cervo maschio che vigile era a difesa della sua famiglia! Un attacco fulmineo il cervo stava raggiungendo il piccoletto. Non c'era un attimo da perdere ho lanciato un ruglio spaventoso ed ho corso a perdifiato per raggiungere l'orsetto, mi sono parata davanti al cervo con tutta la mia maestosa grandezza.

Minacciosa con gli artigli pronti a colpire, i denti pronti a affondare nelle carni dell'animale. Ho cominciato a soffiare forte **FUUHH! FUUHH! GROHANN! GROHANN!**

Meno male che l'azione ha funzionato. Sicuramente il mio aspetto era terrificante, il cervo ha desistito all'attacco si è girato di corsa ed il branco è fuggito lontano. Pericolo scampato, per tutti ma non per il piccolino che era terrorizzato dalla scena e solo allora ha realizzato di essere scampato ad un pericolo gravissimo solo per seguire la sua innata e sconfinata curiosità.

Mogio mogio ora mi seguiva, non si allontanava di un passo, temeva sicuramente la mia reazione, ma che potevo fare? Come cambiare la sua natura? La lezione sarebbe servita? Non ne avevo la più pallida idea, il tempo vedrà e forse forgerà il suo carattere.

Questo episodio e quello avvenuto al lago Pio mi ha fatto capire che era forse giunto il momento per questa famigliola di allontanarsi dal paese per tornare negli alti boschi della montagna, anche perché l'estate volgeva al termine, l'aria era sempre più fresca, fra poco saremmo andati in letargo ed avevamo quindi bisogno di un rifugio per trascorrere l'inverno. Erano trascorsi quattro mesi da quando ero arrivata a Villalago ed era giunto il momento di esplorare altri luoghi.

72

# La partenza

La decisione era presa mi sarei diretta verso nuovi territori presenti nei miei ricordi ma lontani da Villalago.

Era la fine di settembre, sugli alberi scarseggiavano i frutti e per noi era sempre più difficile trovare del cibo. Mi ero avventurata, a volte, a notte fonda nelle strade di Villalago sperando di non incontrare nessuno e pensando di trovare qualcosa da mangiare ma la ricerca era stata infruttuosa ed avevo corso anche il pericolo di incontrare gli uomini. Non potevo avvicinarmi troppo alle abitazioni, i cuccioli erano ancora inesperti, quindi era urgente trovare un nuovo posto dove cercare del cibo.

Un ultimo sguardo a quel grappolo di case appollaiato sul monte, un lungo respiro per percepire quei odori così familiari poi mi sono messa in cammino seguita dai quattro orsetti.

Lo sapete, io sono una grande camminatrice e così anche i miei cuccioli, in poche ore abbiamo scavalcato la cima della montagna e siamo ridiscesi verso i boschi ed i prati di Bisegna.

Era il tempo per noi orsi di accumulare più riserve di grasso possibile che ci avrebbero permesso di sopravvivere durante il letargo ed inoltre dovevamo trovare il rifugio che ci avrebbe ospitato per l'inverno.

Questo ultimo periodo che ci separava dal letargo lo avremmo trascorso nei prati e nei boschi della Marsica cercando di mangiare il più possibile per essere pronti. Poi, pian piano, saremmo risaliti in montagna per poter trovare un rifugio invernale.

L'aria si stava facendo sempre più fredda, specie nelle notti, la nostra spessa pelliccia ci proteggeva ancora bene dal rigore del tempo. L'autunno era arrivato con i suoi magnifici colori, i rossi, il giallo senape tutto era un tripudio. Per me e la mia famigliola era difficile trovare il cibo non c'erano più i frutti maturi dell'estate ora dovevamo girovagare tra le foglie secche per cibarci delle faggiole (il frutto dei faggi). Per fortuna il bosco in ogni stagione è una riserva di cibo per gli animali ed anche per noi.

Avevo la necessità di trovare un rifugio per trascorrere i mesi più freddi, quei mesi dove tutto sarebbe stato coperto dalla neve, ma la caverna doveva essere ampia per ospitare me e i quattro orsetti diventati grandi. Senza pensarci due volte mi diressi nel mio vecchio nascondiglio, la tana che aveva visto la loro nascita. Era ampia abbastanza per ospitarci tutti anche se i cuccioli erano diventati molto più grandi. Era calda e ben riparata nascosta agli altri animali, tranquilla.

L'orologio biologico degli orsi mi avvertiva che era l'ora di riposare, di sonnecchiare e rallentare le nostre funzioni vitali per tutto l'inverno. E così i miei cuccioli ed io stretti stretti ci siamo addormentati cantando una dolce ninna nanna:

DORMI DORMI ORSETTO BELLO,<br>
DORMI FELICE NEL TUO CASTELLO,<br>
LUNGHI SOGNI TI FARAI E FELICE TU SARAI<br>
CON LA MAMMA QUI VICINO<br>
DORMI DORMI PICCOLINO.

## La storia continua...

L'inverno rigido lentamente stava passando, noi, nel nostro dormiveglia aspettavamo che arrivassero i tiepidi calori della primavera per poterci risvegliare completamente. Nella nostra caverna eravamo al calduccio accovacciati, stretti stretti l'uno all'altro.

Ogni tanto uno dei cuccioli si destava dal letargo ed era smanioso di uscire ma io cercavo di tenerlo tranquillo dentro la tana, non era ancora il tempo giusto per andare fuori. Fuori si intravedeva ancora il bagliore della neve. Sarebbe arrivato il giorno del risveglio e noi avremmo ripreso a girovagare per il bosco nella ricerca del cibo.

E quel giorno arrivò, un tiepido sole splendeva tra le fronde del bosco, nell'aria il profumo dei fiori, dei teneri germogli giungeva fin dentro la caverna era il momento di uscire, di riprendere la nostra vita vagabonda nel bosco alla ricerca del cibo.

I primi passi furono lenti e misurati, quasi traballanti, gli occhi, abituati alla quasi mancanza di luce faticavano a stare aperti accecati dai riflessi del sole, i nostri muscoli erano intorpiditi e lenti.

I cuccioli si stiracchiavano e muovevano i loro corpi per darsi vigore, erano sonnacchiosi ed incerti ma il profumo di fresco che arrivava da fuori era come una sferzata di vita. Eravamo pronti per uscire per tornare nel nostro mondo nei nostri boschi.

Mi sono ricordata di quando l'anno prima stavo vivendo queste stesse sensazioni ma avevo quattro cuccioletti da controllare, ora gli orsetti erano grandi e potevo vedere in loro già gli atteggiamenti di adulti. Tra qualche mese li avrei dovuto abbandonare, lasciare liberi di vivere lontano da me. Certo mi dispiaceva tanto ma proprio tanto, ma la vita è così si nasce e poi si cresce, si diventa indipendenti ed autonomi pronti per affrontare la vita da soli. Ancora qualche piccolo insegnamento qualche raccomandazione per loro e li avrei lasciati.

La primavera stava esplodendo nei suoi colori e profumi, c'erano i teneri germogli da mangiare, qualche frutto già maturo, insetti, piccoli volatili, la nostra caccia ricominciava. Era necessario riprendere le nostre abitudini alla ricerca del nutrimento.

Con tutta la famiglia al seguito, pensate cinque orsi già grandi ed imponenti, ho nuovamente abbandonato il rifugio in alta montagna e spinta dal mio istinto ho nuovamente portato i miei figlioli nei pressi di Villalago. In definitiva loro erano nati lì e avevano vissuto un lungo tempo, come me conoscevano dove erano gli alberi da frutto e dove poter facilmente trovare del cibo.

E così ci siamo rimessi in cammino verso la stessa destinazione di un anno prima, non temevo più per la loro vita ora erano grandi, indipendenti, autonomi. Certo mi seguivano ancora, obbedivano ai miei comandi ma ora erano degli orsi a tutti gli effetti, liberi, audaci, sicuri.

Avevo fatto proprio un buon lavoro con loro, ero stata una mamma attenta, amorevole e nei momenti giusti anche severa. Loro ricambiavano tanta dedizione mostrandosi sicuri e tranquilli di affrontare, nel futuro, una vita senza di me.       Solo il piccoletto, che ora non era più il più piccolo dei fratelli ma li aveva raggiunti se non superati nelle dimensioni, si mostrava sempre molto intraprendente, bizzarro, negli atteggiamenti, un anticonformista fuori dagli schemi mentali dei suoi fratelli. Questo suo atteggiamento, pensavo, forse in futuro gli porterà dei guai sia nel rapporto con gli altri animali che nei rapporti con l'uomo.

Un grande dilemma... Il tempo insegnerà...

Siamo giunti a Villalago in un giorno a dir poco speciale per gli uomini, era l'imbrunire del giorno di Pasqua di Resurrezione, noi siamo scesi dal bosco silenziosi e cauti. Le case illuminate, in ogni finestra una luce ed il tepore di una famiglia riunita, io invece fra poche settimane avrei dovuto lasciare i miei figli, l'allegra famigliola si stava sciogliendo erano questi gli ultimi giorni per stare insieme.

Ho sentito forte il desiderio di omaggiare questo paesino che per lungo tempo ci ha ospitati con un'ultima visita lungo le sue strade per assaporare i profumi ed i ricordi che sempre porteremo nei nostri cuori. Abbiamo attraversato tutta la strada principale indisturbati e nello stesso tempo osservati dalle persone del posto ed abbiamo percepito non paura, ma gioia di vederci, di sapere che avevamo superato indenni i rigori del freddo inverno ed eravamo di nuovo insieme.

Il popolo di Villalago non ci è stato mai ostile e noi questo lo avvertivamo, ci ha lasciati vivere la nostra vita senza intralciarci e di questo ne ero profondamente riconoscente. Perciò non temevo di avventurarmi nelle strade del paese.

Siamo rimasti ancora tutti insieme altre settimane, poche per la verità, ed abbiamo girovagato molto scavalcando i boschi di alta montagna e visitando anche i territori della Marsica. Poi è arrivato il momento del distacco, il mio compito era finito, loro dovevano intraprendere la vita da orsi adulti ed io la mia vita nel ritmo naturale delle cose, li ho lasciati andare ...

Che dispiacere nel cuore. A quali pericoli andranno incontro...

Un dolore immenso mi ha stretto il cuore quando li ho visti allontanarsi uno ad uno e sparire nel bosco. Addio, no arrivederci, amori della mamma non vi dimenticherò mai e per sempre vi amerò.

Non so più niente di loro ma credo che si stiano comportando bene, qualche notizia l'ho saputa del piccoletto che come vi dicevo avrebbe sicuramente dato dei problemi. Infatti è stato più volte visto vicino ai cassonetti dell'immondizia nella ricerca del cibo. Ho saputo che una volta addirittura ha avuto una intossicazione alimentare ed è stato trovato in una grotta nell'eremo di San Domenico dai guardia parco del PNAML . E proprio in quella zona dove c'erano anche tanti turisti in quel momento l'hanno dovuto curare e monitorare con un collare.

Ha continuato a fare parecchie razzie nei pollai e negli orti e addirittura qualche volta è stato scacciato in malo modo dai proprietari con scope e mazze. Ho saputo che a Roccaraso, nota località turistica abruzzese, girava indisturbato per le vie e per le piazze non curante delle auto e dei passanti addirittura una notte è entrato in una pasticceria rimpizzandosi di dolci. Poi è stato visto in mezzo alle piste da sci, le guardie lo hanno preso e portato lontano dalla cittadina.

È tornato anche più volte a Villalago il mio dolce e amato piccolino ed in una di esse ha incontrato un cane, un pastore tedesco e con lui si è divertito molto giocando e rotolandosi nella neve dimostrando che poi non è aggressivo ma giocherellone un po' vivace ma forse anche debole in cerca di compagnia. Per questo che ho cercato sempre di difenderlo e di aiutarlo come fa una mamma in queste occasioni.

Per quando riguarda me mentre venivo a sapere queste notizie ho continuato la mia vita errabonda nei boschi, forse avrò altri cuccioli, questo si vedrà; ho anche dovuto combattere con dei lupi e scontrarmi con cervi, insomma una vita movimentata.

Il più terrificante è stato il combattimento con i lupi. Non ho paura dei lupi beninteso, non ci scontriamo mai, siamo due animali forti e possenti e di solito ci ignoriamo ma stavolta no. Ora vi racconto quello che è accaduto.

Mi trovavo sempre nei boschi in prossimità di Villalago nella pineta vicino all'abbeveratoio ed ho letteralmente rubato una carcassa di capra appena uccisa da un lupo. Non c'è stata storia tra noi, io sono più possente di un lupacchiotto e così sono riuscita a prendere quella carcassa e a portarmela sotto la pineta per metterla al sicuro. Ho scavato una buca sia per proteggere il bottino conquistato sia per potermela mangiare in tranquillità, mi ci sono adagiata sopra e sono rimasta lì a mangiare, dormire e custodire la capra morta mentre ascoltavo le voci di tante persone che da lontano mi stavano guardando.

Dopo alcune ore mentre sonnecchiavo è arrivato un lupo che cauto si è avvicinato per potermi strappar via la preda ma io ero vigile, mi sono alzata maestosa sulle zampe e ho mostrato artigli e denti acuminati. Col mio solito ruglio ( verso degli orsi) potente ho soffiato forte per spaventarlo. Il povero lupo se l'è data a gambe. Dopo un po' di nuovo ecco che lo stesso lupo torna alla carica e non si accontenta di una volta sola, nel tempo di alcune ore ci ha provato tantissime volte sempre con risultati vani, finché non è giunta la notte.

Il lupo è andato via ed io mi sono un attimo tranquillizzata. Col passare delle ore mi sentivo sempre più sicura, quando, all'improvviso, quella notte di fine agosto sono stata attaccata da tre lupi famelici.

Ero accerchiata e faticavo a difendere la preda, mi avevano circondata e per tenerli lontano non bastavano più i miei artigli e denti acuminati, il mio ruglio possente o il mio maestoso corpo, ho dovuto capitolare ma non senza aver valorosamente combattuto, non ho riportato ferite ma ero molto stanca. Sconfitta ed un po' dolorante mi sono rifugiata nel bosco.

Cari amici vi ho raccontato due anni circa della mia vita, due anni fantastici e straordinari che io ho vissuto intensamente con la consapevolezza di essere stata la protagonista di un evento eccezionale. Alla conclusione della storia posso fare un bilancio ben più che positivo: la certezza di essere stata una mamma coraggiosa che non ha avuto paura di nulla per salvare i suoi cuccioli ha affrontato ogni pericolo e ha trasmesso a loro l'amore per la vita e il rispetto per la natura.

Ci saranno tante altre avventure di cui io sarò partecipe, lo sento e per questo sono fiduciosa e serena. Ora però è il tempo dei saluti a tutti i piccoli, ai grandi, a chi mi ha conosciuto, a chi leggerà la mia storia.

A presto, la vostra Amarena

# Orso bruno Marsicano

Orso bruno Marsicano è un mammifero.
Vive nei boschi ed in essi trova rifugio, tranquillità e cibo, ma essendo un animale onnivoro cioè che mangia di tutto riesce ad adattarsi a diversi habitat anche in alta montagna e nel fondovalle.
Mangia sia piante che animali, ma in special modo si nutre di bacche frutti di bosco, ciliegie, prugne, nocciole, insetti, larve, miele.
A maggio inizia per gli orsi il periodo degli amori e sia i maschi che le femmine possono accoppiarsi con più orsi
A febbraio durante il letargo la femmina orso partorisce da uno a tre cuccioli. Alla nascita sono molto piccoli e pesano meno di 500 grammi. Grazie al latte materno, che è molto ricco di grassi, i cuccioli crescono rapidamente per affrontare lo svezzamento in estate. I piccoli rimangono con la mamma per più di un anno.
L'orso ha molto sviluppato l'udito e ha un olfatto acutissimo, ciò lo aiuta nella ricerca del cibo. La vista, invece è debole. Il verso dell'orso si chiama ruglio.
Ai primi freddi, quando il cibo comincia a scarseggiare, gli orsi vanno alla ricerca di un rifugio asciutto e sicuro per trascorrere l'inverno. Nella tana l'orso cade in una specie di letargo, cioè rallenta le sue funzioni vitali, questo gli permette di superare le basse temperature e la mancanza di cibo.
L'orso marsicano vive nel Parco Nazionale d'Abruzzo ed è il simbolo del Parco Nazionale d'Abruzzo Lazio Molise.

# Cosa sai dell'orso?
## Rispondi alle domande

1) Dove vive l'orso?

_____

2) Cosa mangia ?



_____

3) Cosa ha più sviluppato?

Udito_____

Olfatto_____

Vista_____

4) Quando vanno in amore gli orsi?

_____

5) Quanti cuccioli nascono?

_____

6) Cosa mangiano appena nati i cuccioli?

_____

7) Cos'è il letargo?

_____

# In ricordo di Juan Carrito
## ( Il piccoletto)

Nella vita degli orsi ci sono delle regole uguali per tutti. Si nasce e per circa un anno e mezzo si rimane insieme alla mamma. È proprio questa che ha il compito fondamentale di nutrire i cuccioli e di insegnare a loro come procurarsi il cibo e come difendersi dagli animali antagonisti come i lupi. Dopo questo periodo, ogni orso va per la sua strada. Ed anche io ho intrapreso la mia di strada.

Mamma Amarena ha assolto questo compito egregiamente : ci ha nutriti, protetti ed è stata una brava maestra di vita. Ora ci ha lasciati soli a vivere le nostre esperienze.

Io ero pronto, avevo un aspetto da vero orso, sapevo trovare il cibo sotto i sassi, sapevo salire sugli alberi, sapevo rovistare tra le foglie per trovare le faggiole ed avevo il desiderio e lo spirito giusto per poter andare da solo nel mondo. Però io non mi sentivo un orso, e già, io mi immedesimavo in ogni animale che incontravo sulla mia strada.

Se mi volava sul muso una farfalla io mi sentivo libero come lei di svolazzare qua e là. Se vedevo un cane non avevo paura del suo abbaiare anzi era un invito per me a giocare. Non avevo paura dell'uomo perché avevo sperimentato già da piccolo la sua presenza non invadente. Certo ero sempre un po' guardingo, all'erta ma non eccessivamente preoccupato.

Come Amarena ero diventato un orso confidente.

Me ne sono accorto fin da subito dopo aver lasciato la mamma.

Le mie scorribande nei boschi e vicino ai centri abitati erano frequentemente controllate dalle guardie parco. Loro seguivano ogni mio spostamento e questa loro assiduità mi ha salvato la vita tantissime volte.

Non potrò mai scordare quando mi hanno curato da una intossicazione alimentare.

Mi era venuta voglia di andare a fare un bagnetto al lago di San Domenico. Intorno al lago ci sono vaste pinete e campi verdi ed ombreggiati, è questo un luogo molto frequentato dagli uomini che spesso fanno i loro pic-nic nel verde. Quindi vi potete immaginare che ci sono dei cassonetti per i rifiuti alimentari. Una vera pacchia e un giorno ho fatto una scorpacciata fenomenale mangiando tutto quello che ho trovato.

Tra i tanti difetti che ho, o pregi, a seconda dei punti di vista, sono anche un golosone.

Bene, dopo aver mangiato questo ben di Dio mi sono sentito malissimo, mi sono accasciato dentro una grotta, stavo morendo, avevo perso i sensi.

Ma ecco, proprio perché venivo sempre controllato, sono arrivate le guardie del parco ed i veterinari che mi hanno salvato e sono tornato allegro e pimpante a vagare nei boschi.

Penso che in quella occasione mi hanno messo qualcosa alle orecchie e al collo, che non avevo prima, forse un radio collare per seguirmi più facilmente.

La mia voglia di esplorare e di vivere nuove esperienze mi ha portato a girare in lungo e in largo tra le montagne.

Non avevo la minima intenzione di rimanere confinato dentro i limiti di un parco nazionale la mia curiosità e la mia personalità intraprendente mi spingeva ad non averli i limiti ad assaporare ogni esperienza intensamente.

In questo pellegrinare mi sono diretto di istinto verso i territori di Roccaraso e di Castel di Sangro.

Avevo circa due anni e mi apprestavo a trascorrere il mio secondo inverno di vita, il primo senza Amarena.

Mamma mi aveva insegnato che quando arriva l'autunno e il freddo comincia ad essere persistente, gli orsi devono mangiare tanto per accumulare le riserve da utilizzare poi per il periodo di letargo.
Io ho imparato bene la lezione dovevo trovare molto cibo.

Vi dirò non mi è stato difficile trovarlo nei pressi di questi paesi così abbondantemente visitati da turisti e villeggianti.

I cassonetti erano sempre stracolmi di viveri che io raggiungevo facilmente e poi non mi facevo mancare nulla, una sera sono riuscito a cenare addirittura con il dolce.
Mi trovavo per le strade di Roccaraso quando sono stato attratto da un

invitante profumino. Ho seguito quella scia e mi sono trovato davanti ad un negozio di dolci. Era sera in giro non c'era nessuno con una zampata ho aperto la porta e dentro c'era il paradiso. Dolci e dolcetti sono finiti nella mia pancia davanti ad un esterrefatto pasticciere che sicuramente non aveva visto mai un orso così golosone.

**Gnammm Gnammm** mi sono rimpinzato la pancia fino a scoppiare. Poi con tutta calma sono uscito e mi sono dileguato nei campi.

Ho continuato ad aggirarmi tra le strade di Roccaraso, i turisti erano tanti e tutti curiosi nei miei confronti. Sono proprio diventato una star forse l'orso più fotografato d'Italia e il più presente sui social.
Meno male che io ero già abituato alla presenza di fotografi e curiosi e non ci facevo più caso. Pensavo se io faccio la mia vita tranquilla nella ricerca di cibo non disturbo nessuno, non ho la minima intenzione di creare disagio all'uomo, possiamo convivere tranquillamente.

Cosa facile a dirsi ma difficile da applicare perché non tutti erano ben disposti verso me specie quando facevo irruzione nei pollai a caccia di galline o quando entravo negli orti a razziare gli ortaggi.

Per alcuni non ero ben visto e cercavano di cacciarmi e mandarmi lontano. Certo il mio aspetto poteva includere timore, da gracilino e piccoletto ero diventato un orso grande e grosso che incuteva qualche spavento.

Sempre più spesso le guardie del parco, che continuamente mi seguivano, erano costrette a spaventarmi con proiettili di gomma per allontanarmi. Il loro compito era quello di proteggermi e di tenermi lontano dall'uomo. Ricordo a tal proposito un episodio avvenuto in pieno inverno il periodo che di solito un orso passa a sonnecchiare nella propria tana. Io no, a me la neve mette allegria, mi dà vitalità, io non riesco a stare in letargo o fermo per molto tempo, così in pieno inverno mi sono messo a girare tra i boschi innevati e le piste da sci frequentate da uomini.

Non l'avessi mai fatto un gran trambusto è successo. Le guardie del parco un giorno mi hanno catturato, addormentato e portato in una zona lontano nel parco.

Ho fatto anche un bel viaggetto su un elicottero per allontanarmi il più possibile da Roccaraso. Illusi ma non sanno che gli orsi sono dei camminatori formidabili percorrono chilometri in poche ore. È stato semplice per me, dopo qualche settimana, tornare sulle stesse piste da sci e fare le mie solite scorribande, nei pollai, nelle strade. Allora che hanno fatto gli uomini, mi hanno sfidato, hanno deciso che io avevo bisogno di essere rieducato, non sapevo fare l'orso. Avevo bisogno di capire come si fa l'orso e così mi hanno rinchiuso in una specie di riserva per tenermi buono ed educarmi.

Io sono stato buono, ho fatto quello che loro volevano e poi dopo qualche settimana mi hanno liberato. Erano convinti che avessi imparato la lezione. Ma che lezione dovevo imparare a diventare un orso? Ma io non mi sento un orso io sono uno spirito libero.

" *Questi uomini vogliono dominare la natura degli animali e plasmarla alle loro esigenze, ma se io sono nato con questa indole di orso confidente come posso cambiare? È l'uomo che si definisce l'animale più intelligente che deve avere di me rispetto e mi deve proteggere e deve fare di tutto affinché io non incontri difficoltà e non costringermi entro dei limiti e regole che lui stesso ha deciso.*
*Io sono Juan Carrito."*

È buio e nevica forte sono come sempre alla ricerca di cibo.

Su, in montagna, tutto è coperto di un candido manto bianco. Ho fame, devo ancora trovare un rifugio dove poter sonnecchiare un po'. Fra qualche giorno mi fermerò ma ora devo trovare qualcosa da mangiare.

Conosco un posto tranquillo è pieno di cibo devo raggiungerlo subito è là oltre quella strada bianca. Vado.

Due luci accecanti stanno avvicinandosi velocemente, devo fare subito ad attraversare...

È buio, è freddo e ho tanto dolore, sono steso in terra piango e soffro, intorno luci e suoni, trambusto e vita.

La mia breve esistenza mi sta sfuggendo di mano, i miei occhi velati di lacrime tra poco si chiuderanno, addio splendido e affascinante mondo ti ho amato immensamente.

Io avrei voluto vivere tra gli uomini, essere libero di fare quello che desideravo di girovagare tra le mie montagne ed ovunque il cuore mi portasse ma...

Spero che la mia breve vita abbia avuto uno scopo, quello di aver insegnato all'uomo l'unicità di ogni essere vivente.

Che ne pensate bambini? Che cosa deve fare l'uomo per salvaguardare se stesso e gli orsi?

Questo è il grande dilemma.

Ognuno di voi scriva quello che pensa...

Aspettiamo le vostre proposte...

# C'era una volta...

Ci ho creduto fino alla fine, io non sono cattiva. Ho pensato l'uomo capirà ,se mi avvicino troppo è per procurare cibo per i miei cuccioli, invece non sono stata capita ,ma perché spararmi? Perché!!! Perché!!!
 I miei cuccioli dove sono adesso? Saranno spaventati senza la loro mamma. Come faccio a trovarli, devo alzarmi ma mi fa molto male un fianco, devo, devo trovare i cuccioli.
 Ora sono stanca il dolore è lancinante,sono qui stesa a terra e piango, e soffro, non li rivedrò più ed è immenso il mio dolore.
 In un attimo mi sta scorrendo la vita davanti agli occhi. Rivedo la nascita dei miei primi figli, quattro splendidi cuccioli. Ero tanto felice e tanto ma tanto preoccupata. Saprò crescerli? Proteggerli? Insegnargli tutto quello che serve per la loro sopravvivenza? Ero terrorizzata una grande avventura mi aspettava.
 Con l'incoscienza della mia inesperienza ho guidato, insegnato, protetto,difeso i miei piccoli e con loro ho affrontato mille avventure e poi, nel ritmo naturale delle cose, li ho lasciati liberi di vivere da orsi adulti.

Poi la magia si è ripetuta, ho di nuovo partorito stavolta due cuccioli vispi e allegri. Non ho più paura di crescere i mie piccoli ho un grosso bagaglio di esperienza, sono sicura di non sbagliare nulla. Conosco ogni luogo dove poter trovare il cibo per me e i cuccioli.

Che mondo fantastico è questo, riesco a trovare da mangiare anche vicino alle case dell'uomo. Loro mi guardano stupiti e meravigliati e non mi fanno paura comprendono me e i miei figli.
Si,si mi posso fidare dell'uomo, sto a distanza ma sono tranquilla.

Giro tra le strade dell'uomo nella ricerca di qualcosa da mangiare. Stasera devo trovare qualcosa di più sostanzioso, devo allattare i miei piccoli ho bisogno di cibo per rinforzarmi. Mi aggiro guardinga nell'orto di una casa sento odore di pollame, **GNAMM ...GNAMM** ... stasera mangerò bene!!!!

Un forte frastuono nell'aria, uno spavento immediato e un acuto dolore nel fianco, mi giro i piccoli non ci sono più, mi sento persa, il terrore mi attanaglia, mi mancano le forze, dove sono i piccoli miei? Dove, dove trovarli? Il cuore batte all'impazzata ed un forte dolore mi stringe il petto. Le forze mi mancano, stramazzo al suolo, chiudo un attimo gli occhi stanchi e pieni di lacrime, solo un attimo amori miei, ve lo prometto, un attimo che sarà l'eternità.

C'era una volta Amarena "la mamma orsa"...
La favola continua nella nostra fantasia ...

Vuoi colorare con noi Amarena e l'allegra famigliola?

# INDICE

| | |
|---|---|
| AMARENA | 17 |
| I CUCCIOLI | 25 |
| IL VIAGGIO | 35 |
| VILLALAGO | 43 |
| LAGO PIO | 55 |
| IL PICCOLETTO | 63 |
| LA PARTENZA | 73 |
| LA STORIA CONTINUA ... | 81 |
| | |
| IN RICORDO DI JUAN CARRITO | 103 |
| C'ERA UNA VOLTA ... LA FAVOLA FINITA | 109 |

**Se il libro TI E' PIACIUTO regalaci una recensione a 5 stelle**, a te costa poco ma per chi scrive e pubblica un libro vuol dire molto. Consiglialo ai tuoi amici, regalalo e fallo conoscere, **donerai alle persone le parole che in quel momento vogliono sentire.**

Se il libro non ti è piaciuto, non lasciare recensioni negative ma scrivi all'editore cosa non ti è piaciuto e perché, ci aiuterai a migliorare, per cercare di darti sempre il meglio, e inoltre aiuterai l'autore a crescere.

*Il mondo cambia grazie a piccoli gesti.*

*Diventa parte fondamentale insieme a noi di questo grande cambiamento!*

Jacopo Lupi Editore

**Mail**

lupijacopo@gmail.com

**Whatsapp**

3452294411

Printed in Great Britain
by Amazon